BAJKi RYMOWANKi

SBM
WYDAWNICTWO

© Copyright by SBM Sp. z o.o.
Warszawa 2014

Wydanie II

Ilustracje:
Agnieszka Kamińska
Karolina Rosołek
Wojciech Górski

Opracowanie graficzne:
Agnieszka Kamińska, Zielone A

Wydrukowano w Polsce

Wydawnictwo SBM Sp. z o.o.
www.wydawnictwo-sbm.pl
ul. Sułkowskiego 2/2
01-602 Warszawa

Maria Konopnicka

Czy to bajka, czy nie bajka

Czy to bajka, czy nie bajka,
Myślcie sobie, jak tam chcecie.
A ja przecież wam powiadam:
Krasnoludki są na świecie.

Naród wielce osobliwy.
Drobny – niby ziarnka w bani:
Jeśli które z was nie wierzy,
Niech zapyta starej niani.

W górach, w jamach, pod kamykiem,
Na zapiecku czy w komorze
Siedzą sobie Krasnoludki
W byle jakiej mysiej norze.

Pod kominem czy pod progiem –
Wszędzie ich napotkać można:
Czasem który za kucharkę
Poobraca pieczeń z rożna...

Czasem skwarków porwie z rynki
Albo liźnie cukru nieco
I pozbiera okruszynki,
Co ze stołu w obiad zlecą.

Czasem w stajni z bicza trzaśnie,
Koniom spląta długie grzywy,
Czasem dzieciom prawi baśnie...
Istne cuda! Istne dziwy!

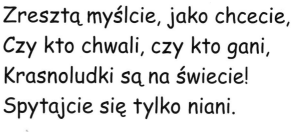

Gdzie chce – wejdzie, co chce – zrobi,
Jak cień chyżo, jak cień cicho,
Nie odżegnać się od niego,
Takie sprytne małe licho!

Zresztą myślcie, jako chcecie,
Czy kto chwali, czy kto gani,
Krasnoludki są na świecie!
Spytajcie się tylko niani.

Szkoła

Szkoła pani Matusowej
głośne w świecie ma przymioty,
uczęszczają do niej wszystkie
dobrze wychowane koty.
Już to sam nieboszczyk Matus
był wybornym pedagogiem
i prowadził przez lat wiele
znaną pensję „Pod Batogiem".
Kot to był uczony wielce:
a siadywał na zapiecku,
pomrukując sobie z cicha
po łacinie i po grecku.
Osierocił wszakże szkołę
i zostawił żonę wdowę,
gospodarną, zabiegliwą,
jejmość panią Matusową.

Szkoła dalej szła swym trybem,
tylko znak jej „Pod Batogiem"
usunięty został ze drzwi,
a zrobiony: „Kot z Pierogiem".
Łatwo pojąć, jak ta zmiana
rozszerzyła pensji sławę,
młode kotki na naukę
biegły jakby na zabawę.
Jedna matka synka wiodła,
druga swą córeczkę małą
byle każde z pensji godła
choć kruszynkę skorzystało.
Nic milszego bowiem dziatki,
jak kot pięknie wychowany,
taki, jak go tu widzicie,
nad miseczką od śmietany.

Sposób na laleczkę

Moja mamo, z tą laleczką
Nie wytrzymam chyba dłużej!
Ciągle stoi przed lusterkiem,
Ciągle tylko oczki mruży.

To się muska, to się puszy,
To sukienki wciąż odmienia,
A co zniszczy kapeluszy!
Same, same utrapienia.

8

Ni do książki, ni do igły,
Tylko różne stroi miny,
Już doprawdy, proszę mamy,
Nie wytrzymam i godziny!

Klapsów chyba dam jej kilka
Albo w kącie ją postawię;
Dzień jest przecież do roboty,
A ta myśli o zabawie!

9

Na to mama: – Już ja tobie
Podam sposób na laleczkę;
Usiądź sobie tutaj przy mnie
I do ręki weź książeczkę.

Nie zaglądaj przez dzień cały
Do lusterka, ucz się ładnie,
A zobaczysz, że i lalkę
Do tych minek chęć odpadnie.

Chcesz poprawić swą laleczkę,
Pracuj pilnie, pracuj szczerze...
Bo ci powiem, moja Julciu,
Ona z ciebie przykład bierze!

Opowiadania

BAJKI

Bocian

Bociek, bociek leci!
Dalej, żywo, dzieci!
Kto bociana w lot wyścignie,
Temu kasza nie ostygnie.
Kle, kle, kle, kle, kle.

Bociek dziobem klaska:
– Wyjdźcież, jeśli łaska!
Niech zobaczę, niech powitam,
Niech o zdrowie się zapytam.
Kle, kle, kle, kle, kle.

A ty – boćku stary,
Piórek masz do pary;
Żaby je liczyły w błocie,
Naliczyły cztery krocie.
Kle, kle, kle, kle, kle.

Nim skończyły liczyć,
Już je zaczął ćwiczyć.
– Oj, bocianie, miły panie,
Miejże dla nas zmiłowanie!
Kle, kle, kle, kle, kle.

13

Pan Zielonka

Pan Zielonka, co nad stawem
Mieszka sobie żabim prawem,
Ma rodzinę wcale sporą:
Dzieci pono aż pięcioro.

Już od dziada i pradziada
Wielkie Bagno tu posiada,
I przy kępie, pod łopianem,
Na folwarku tym jest panem.

Tu na muszki w lot czatuje,
Tu się kąpie, tu poluje,
Tu napełnia staw swym krzykiem,
A jest sławnym gimnastykiem.

Jak dzień tylko się rozświeci,
– Hyc z kąpieli – woła dzieci,
I za chwilę kawalkadą
Taką oto sobie jadą:

Ten najstarszy, co na przodzie,
Rej prowadzi w tym pochodzie,
A ma tuszę okazałą,
Od swych oczat zwie się „Gałą".

Ten za ojcem, tak wesoły,
Co się trzyma fraka poły,
I ten w wielkich susach drugi:
„Miech" i „Skrzeczek" na usługi.

Czwarty „Żeruś" na ostatku
Pędzi, krzycząc: „Tatku! Tatku!
Tatko, widzę, zapomina,
Że ma też Żerusia syna!"

Lecz najmłodszy, pieszczoch wielki,
Co się trzyma kamizelki,
I na karku u tatusia
Wierzchem jedzie, zwie się „Trusia".

Tata chlubi się tym chwatem,
Co odważnie śmiga batem,
Choć kapelusz mu ojcowy
Całkiem zakrył czubek głowy.

Nie wiem, czy się wam zdarzyło
Tę kompanię spotkać miłą?
Lecz po deszczu rad się błąka
Z dziatwą swoją pan Zielonka.

17

Stefek Burczymucha

O większego trudno zucha,
Jak był Stefek Burczymucha,
– Ja nikogo się nie boję!
Choćby niedźwiedź... to dostoję!
Wilki?... Ja ich całą zgraję
Pozabijam i pokraję!
Te hieny, te lamparty
To są dla mnie czyste żarty!

A pantery i tygrysy
Na sztyk wezmę u swej spisy!
Lew!... Cóż lew jest?! – Kociak duży!
Naczytałem się podróży!
I znam tego jegomości,
Co zły tylko, kiedy pości.
Szakal, wilk?... Straszna nowina!
To jest tylko większa psina!...
(Brysia mijam zaś z daleka,
Bo nie lubię, gdy kto szczeka!)
Komu zechcę, to dam radę!
Zaraz za ocean jadę
I nie będę Stefkiem chyba,
Jak nie chwycę wieloryba!
I tak przez dzień boży cały
Zuch nasz trąbi swe pochwały,

Aż raz usnął gdzieś na sianie...
Wtem się budzi niespodzianie.
Patrzy, aż tu jakieś zwierzę
Do śniadania mu się bierze.
Jak nie zerwie się na nogi,
Jak nie wrzaśnie z wielkiej trwogi!
Pędzi jakby chart ze smyczy...
– Tygrys, tato! Tygrys! – krzyczy.

– Tygrys?... – ojciec się zapyta.
– Ach, lew może!... Miał kopyta
Straszne! Trzy czy cztery nogi,
Paszczę taką! Przy tym rogi...
– Gdzie to było?
– Tam na sianie.
Właśnie porwał mi śniadanie...
Idzie ojciec, służba cała,
Patrzą... a tu myszka mała
Polna myszka siedzi sobie
I ząbkami serek skrobie!...

Muchy samochwały

U chomika w gospodzie
Siedzą muchy przy miodzie.
Siedzą, piją koleją
I z pająków się śmieją.

Podparły się łapkami
Nad pełnymi kuflami.
Zagiął chomik żupana,
Miód dolewa do dzbana.

MIÓD

- Żebyś, kumo, wiedziała,
Com już sieci narwała,
Com z pająków nadrwiła,
To byś ledwo wierzyła!

- Moja kumo jedyna,
Czy mi pająk nowina?
Śmiech doprawdy mnie bierze...
Pająk... także mi zwierzę!

- Żebyś, kumo, wiedziała!
Trzem pająkom bez mała,
Jak się dobrze zasadzę,
Trzem pająkom poradzę!...

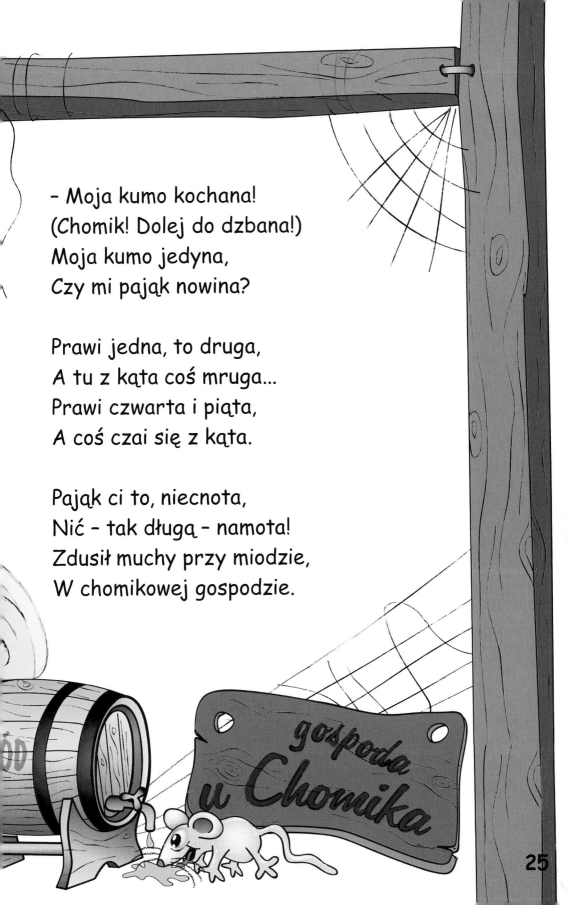

- Moja kumo kochana!
(Chomik! Dolej do dzbana!)
Moja kumo jedyna,
Czy mi pająk nowina?

Prawi jedna, to druga,
A tu z kąta coś mruga...
Prawi czwarta i piąta,
A coś czai się z kąta.

Pająk ci to, niecnota,
Nić – tak długą – namota!
Zdusił muchy przy miodzie,
W chomikowej gospodzie.

gospoda
u Chomika

Parasol

Wuj parasol sobie sprawił.
Ledwo w kątku go postawił,
Zaraz Julka, mały Janek
Cap! za niego, smyk! na ganek.
Z ganku w ogród i przez pola
Het, używać parasola!

Idą pełni animuszu:
Janek, zamiast w kapeluszu,
W barankowej ojca czapce,
Julka w czepku po prababce,
Do wiatraka pana Mola!...
A wuj szuka parasola.

Już w ogrodzie żabka mała
Spod krzaczka ich przestrzegała:
– Deszcz, deszcz idzie! Deszcz, deszcz leci!
Więc do domu wracać, dzieci!
Mała żabka, ta na czasie
Jak ekonom stary zna się
I jak krzyknie: – Deszcz! – to hola!
Trza tęgiego parasola!

Lecz kompania nasza miła
Wcale żabce nie wierzyła.
– Niech tam woła! Niech tam skrzeczy!
Taka żaba!... Wielkie rzeczy!
Co nam wracać za niewola!
Czy nie mamy parasola?

Wtem się wicher zerwie srogi.
Dzieci w krzyk, i dalej w nogi...
Szumią trawy, gną się drzewa,
To już nie deszcz, to ulewa;
A najgorsza teraz dola
Nieszczęsnego parasola.

W górę gną się jego żebra,
Deszcz nań chlusta jakby z cebra,
Pękł materiał... Aż pod chmury
Wzniósł parasol pęd wichury.
Darmo dzieci krzyczą: – Hola!
Łapaj! Trzymaj parasola!

Nie wiem, jak się to skończyło,
Lecz podobno niezbyt miło;
Żabki o tym może wiedzą,
Co pod grzybkiem sobie siedzą.
– Prosim państwa, jeśli wola,
Do naszego parasola!

29

Żabka Helusi

Nikt mnie o tym nie przekona
I nikomu nie uwierzę,
Że ta żabka, ta zielona,
To jest szpetne, brzydkie zwierzę.

Proszę tylko patrzeć z bliska:
Sukieneczka na niej biała,
Tak w porannym słonku błyska,
Jakby w perły szyta cała.

Wierzchem płaszczyk zieloniutki,
Jak ten listek, jak ta trawa,
I zielone mają butki
Nóżka lewa, nóżka prawa.

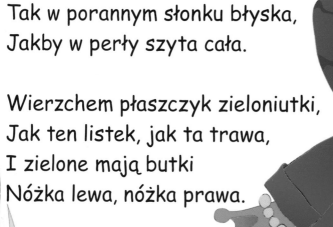

Główkę takiż kaptur kryje,
Ciemne prążki po kapturze.
Prawda, oczy ma przyduże
I przygrubą nieco szyję.

Ale za to, jak daleko
Wypatrzy tę chmurkę małą,
Którą morze letnią spieką
Na ochłodę nam posłało!

A jak głośno, skryta w krzaki:
„Dżdżu! Dżdżu!" – woła podczas suszy.
Choć świergocą wszystkie ptaki,
Ona wszystkie je zagłuszy!

Alboż robi jakie szkody?
Psuje kwiaty? niszczy sady?
Wszak jej starczy trochę wody,
Małe muszki i owady.

Przy tym... Nie wiem tego pewnie,
Lecz mi niania raz mówiła
O prześlicznej tej królewnie.
Co zaklęta w żabkę była.

Cudnej główki, rączek, lica
Nic nie widać, ani trocha...
Zaklęła ją czarownica,
Czarownica, zła macocha!

I w postaci tej musiała
Siedem lat czekać dziewica,
Aż ją trafi złota strzała.
Złota strzała królewica.

Dopieroż ją wypuściła
Z owej skórki jędza baba
I królową potem była
Ta zaklęta pierwej żaba.

Czy to prawda, czy tak sobie,
Tego nie wiem już na pewno.
Zawszeć boskie to stworzenie,
Chociaż nie jest i królewną!

Jesienią

Jesienią, jesienią
Sady się rumienią;
Czerwone jabłuszka
Pomiędzy zielenią.

Czerwone jabłuszka,
Złociste gruszeczki
Świecą się jak gwiazdy
Pomiędzy listeczki.

Pójdę ja się, pójdę
Pokłonić jabłoni,
Może mi jabłuszko
W czapeczkę uroni!

Pójdę ja do gruszy,
Nastawię fartuszka,
Może w niego spadnie
Jaka śliczna gruszka!

Jesienią, jesienią
Sady się rumienią;
Czerwone jabłuszka
Pomiędzy zielenią.

33

Pranie

– Pucu! pucu! chlastu! chlastu!
Nie mam rączek jedenastu,
Tylko dwie mam rączki małe,
Lecz do prania doskonałe.

Umiem w cebrzyk wody nalać,
Umiem wyprać... no... i zwalać.
Z mydła zrobię tyle piany,
Co nasz kucharz ze śmietany.

I wypłuczę, i wykręcę,
Choć mnie dobrze bolą ręce.
Umiem także i krochmalić,
Tylko nie chcę się już chwalić!
– A u pani? Jakże dziatki?
Czy też brudzą swe manatki?

– U mnie? Ach! To jeszcze gorzej:
Zaraz zdejmuj, co się włoży!
Ja i praczki już nie biorę,
Tylko co dzień sama piorę!

Tak to praca zawsze nowa,
Gdy kto lalek się dochowa!

Zosia i jej mopsy

Nie wiem, z jakiego przypadku
Wzięła Zosia mopsy w spadku.

Odtąd nie ma nic dla Zosi.
Tylko mopsy. To je nosi,
To je goni, to zabawia.
To je na dwóch łapkach stawia.
To przystroi oba pieski
W fontaź suty i niebieski.
To im niesie przysmak świeży;
A książeczka – w kącie leży.

Mama prosi, mama łaje...
Zosia nic... Jak tylko wstaje,
Zaraz w domu pełno pisku:
Mops umaczał nos w półmisku,
Mops Julkowi porwał grzankę,
Mops stłukł nową filiżankę,
Mops na łóżko skoczył taty,
Mops zjadł szynkę do herbaty.

Aż też mama rzekła: – basta!
I wysłała mopsy z miasta
W dużym koszu, pełnym sieczki...
– A ty, Zosiu, do książeczki!

Kukułeczka

Po tym ciemnym boru
Kukułeczka kuka,
Z ranka do wieczora
Gniazdka sobie szuka.
Kuku! Kuku!
Gniazdka sobie szuka.

– A ty, kukułeczko,
Co na drzewach siadasz,
Jakie ty nowiny
W lesie rozpowiadasz?
Kuku! Kuku!
W lesie rozpowiadasz?

Leciałam ja w maju
Z ciepłego wyraju,
Zagubiłam w drodze
Ścieżynkę do gaju!
Kuku! Kuku!
Ścieżynkę do gaju!

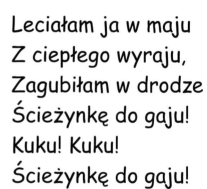

Zgubiłam ścieżkę
Do gniazdeczka mego,
Teraz latam, teraz kukam,
Ot, już wiesz dlaczego.
Kuku! Kuku!
Ot, już wiesz dlaczego.

Dziadek przyjdzie

Dziadek dzisiaj przyjdzie,
W wielkim krześle siędzie,
Śliczne mi powieści
Opowiadać będzie.

Pal mi się, ogieńku! Pal mi się wesoło!
Wy, złote iskierki, sypcie mi się wkoło!

Dziadek dużo widział,
Dużo ziemi schodził;
Już sam nie pamięta,
Kiedy się urodził.

Pal mi się, ogieńku! Pal mi się wesoło!
Wy, złote iskierki, sypcie mi się wkoło!

Jak nam dziadek zacznie
Prawić różne dziwy,
To świat dawny staje
Przede mną jak żywy.

Pal mi się, ogieńku! Pal mi się wesoło!
Wy, złote iskierki, polatujcie wkoło!

I dawne zagrody,
I ludzie, i pieśnie...
Do rana samego
Marzą mi się we śnie!

Pal mi się, ogieńku! Pal mi się wesoło!
Wy, złote iskierki, polatujcie wkoło!

Jasio Śpioszek

Chcecie pewno wiedzieć wszyscy,
Jak się chłopczyk ten nazywa,
Co w ogródku sobie siedzi
I na trąbce swej przygrywa?
Jest to Jasio „Ranny Ptaszek",
Wielki mamy swej pieszczoszek,
Co aż dotąd się nazywał
W całym domu: „Jasio Śpioszek".
„Jasio Śpioszek", drogie dziatki,
Nieszczęśliwy był chłopczyna,
Bo zobaczyć nigdy nie mógł,
Jak się dzionek rozpoczyna.
Ledwo ziewnie raz i drugi,
Ledwo przetrze jedno oko,
Ledwo na bok się odwróci,
Już ci słonko het... wysoko!

Aż raz tata mu darował
Trąbkę tak zaczarowaną,
Co wschód słońca mu pokaże,
Gdy zatrąbi... bardzo rano.
Odtąd Jasio „Rannym Ptaszkiem"
Został po tym wynalazku
I tak sobie gra codziennie
Zaraz po słoneczka brzasku.

Zła zima

Hu! hu! ha! Nasza zima zła!
Szczypie w nosy, szczypie w uszy,
Mroźnym śniegiem w oczy prószy,
Wichrem w polu gna!
Nasza zima zła!

Hu! hu! ha! Nasza zima zła!
Płachta na niej długa, biała,
W ręku gałąź oszroniała,
A na plecach drwa...
Nasza zima zła!

Hu! hu! ha! Nasza zima zła!
A my jej się nie boimy,
Dalej śnieżkiem w plecy zimy,
Niech pamiątkę ma!
Nasza zima zła!

Stanisław Jachowicz

Chory kotek

Pan kotek był chory i leżał w łóżeczku,
I przyszedł pan doktor: „Jak się masz, koteczku?"
„Źle bardzo" i łapkę wyciągnął do niego.
Wziął za puls pan doktor poważnie chorego,
I dziwy mu prawi: „Zanadto się jadło,
Co gorsza, nie myszki, lecz szynki i sadło;
Źle bardzo... Gorączka! Źle bardzo, koteczku!
Oj! długo ty, długo poleżysz w łóżeczku,
I nic jeść nie będziesz, kleiczek i basta!
Broń Boże kiełbaski, słoninki lub ciasta".

„A myszki nie można? – zapyta koteczek –
Lub z ptaszka małego choć z parę udeczek?"
„Broń Boże! Pijawki i dieta ścisła!
Od tego pomyślność w leczeniu zawisła".
I leżał koteczek; kiełbaski i kiszki
Nietknięte, z daleka pachniały mu myszki.
Patrzcie, jak złe łakomstwo! Kotek przebrał miarę;
Musiał więc nieboraczek srogą ponieść karę.
Tak się i z wami dziateczki stać może;
Od łakomstwa strzeż was Boże!

Tadeuszek

Raz swawolny Taduszek
Nawsadzał w flaszeczkę muszek;
A nie chcąc ich morzyć głodem,
Ponawrzucał chleba z miodem.
Widząc to ojciec, przyniósł mu piernika
I, nic nie mówiąc, drzwi na klucz zamyka.
Zaczął się prosić, płakać Tadeuszek,
A ojciec na to: „Nie więź biednych muszek".
Siedział dzień cały. To go nauczyło:
Nie czyń drugiemu, co tobie niemiło.

Zgoda

„Kochany koteczku! Godzien jesteś burki,
Że mnie zadrapałeś ostrymi pazurki.
To bardzo niepięknie kaleczyć drugiego;
Popraw się, koteczku, nie rób więcej tego!"
Na to kotek odpowie: „Ułóżmy się z sobą –
Obchodź się ze mną grzecznie, to ja będę z tobą".

Czysty kotek

„Czemu się często myjesz?" – pytano raz kota.
„Bo czystość – odpowiedział – jest to piękna cnota".
Mył się prawie co godzina.
Chętnie mu do pokoju wchodzić pozwalano,
Powszechnie go kochano,
Doznawał wszelkich pieszczotek:
A czemu? Bo czysty był kotek.

Zając

Wyszedł zając zza krzaka
I udawał junaka.
Wąsy podniósł do góry,
Wzrok nasrożył ponury.
A wtem jakoś z niechcąca
Wietrzyk z krzaczka
Liść trąca...
Patrzą... nie ma zająca!

Ptaszek w gościnie

Puk, puk, ptaszek do okienka:
„Niech tam otworzy panienka;
Bo to teraz straszna zima,
Nigdzie i ziarneczka nie ma".
I ptaszynie otworzyli,
Ogrzali i nakarmili,
A ptaszyna, wdzięczna za to,
Śpiewała im całe lato.

Dziecię i dzbanuszek

Mała dziecina łakoma i chciwa,
Jak to często w świecie bywa,
Nigdy na tym nie przestała.
Co mama dała.
Były dwa jabłka, trzeciego żąda;
Były trzy gruszki, za czwartą spogląda;
Dano cukierków, to zawsze za mało;
Dano pierniczek, dziecię ciastka chciało.
Raz mu w dzbanuszek wsypano orzechy.
Ach co to było uciechy!
Dziecina rączkę w wąską szyję wkłada,
I wszystkie by zabrać rada.
Ale niestety! wyciągnąć nie może.
Dziecię w płacz. W takim razie i płacz nie pomoże.
Szarpie. Wszystko na próżno: i orzeszków nie ma,
I dzbanuszek rączkę trzyma.
Ktoś się wreszcie zlitował, i dał rady zdrowe:
„Nie bądź, kochanku, chciwym, weź tylko połowę;
Wyjmiesz rączkę, orzeszki wybierzesz po trosze.
A pomnij w dalszym wieku tak czerpać rozkosze."

Aleksander Fredro

Małpa w kąpieli

Rada małpa, że się śmieli,
Kiedy mogła udać człeka,
Widząc panią raz w kąpieli,
Wlazła pod stół – cicho czeka.
Pani wyszła, drzwi zamknęła;
Małpa figlarz – nuż do dzieła!
Wziąwszy pański czepek ranny,
Prześcieradło
I zwierciadło –
Szust do wanny!
Dalej kurki kręcić żwawo!
W lewo, w prawo,
Z dołu, z góry,
Aż się ukrop puścił z rury.
Ciepło – miło – niebo – raj!
Małpa myśli: „W to mi graj!"
Hajże! Kozły, nurki, zwroty,
Figle, psoty,
Aż się wody pod nią mącą!

Ale ciepła coś za wiele...
Trochę nadto.. Ba, gorąco!...
Fraszka! małpa nie cielę,
Sobie poradzi:
Skąd ukrop ciecze,
Tam palec wsadzi.
– Aj, gwałtu! Piecze!
Nie ma co czekać,
Trzeba uciekać!
Małpa w nogi,
Ukrop za nią – tuż, tuż w tropy,
Aż pod progi.
To nie żarty – parzy stopy...
Dalej w okno!... Brzęk! – Uciekła!
Że tylko palce popiekła,
Nader szczęśliwa.
Tak to zwykle małpom bywa.

55

Paweł i Gaweł

Paweł i Gaweł w jednym stali domu,
Paweł na górze, a Gaweł na dole;
Paweł, spokojny, nie wadził nikomu,
Gaweł najdziksze wymyślał swawole.
Ciągle polował po swoim pokoju:
To pies, to zając – między stoły, stołki
Gonił, uciekał, wywracał koziołki,
Strzelał i trąbił, i krzyczał do znoju.
Znosił to Paweł, nareszcie nie może;
Schodzi do Gawła i prosi w pokorze:
– Zmiłuj się waćpan, poluj ciszej nieco,
Bo mi na górze szyby z okien lecą.
A na to Gaweł: – Wolnoć, Tomku,
W swoim domku.

Cóż było mówić? Paweł ani pisnął,
Wrócił do siebie i czapkę nacisnął.
Nazajutrz Gaweł jeszcze smacznie chrapie,
A tu z powały coś mu na nos kapie.
Zerwał się z łóżka i pędzi na górę.
Stuk! puk – Zamknięto. Spogląda przez dziurę
I widzi... Cóż tam? cały pokój w wodzie,
A Paweł z wędką siedzi na komodzie.
– Co waćpan robisz? – Ryby sobie łowię.
– Ależ, mospanie, mnie kapie po głowie!

A Paweł na to: – Wolnoć, Tomku,
W swoim domku.
Z tej to powiastki morał w tym sposobie:
Jak ty komu, tak on tobie.

Bajeczka o osiołku

Osiołkowi w żłoby dano,
W jeden owies, w drugi siano.
Uchem strzyże, głową kręci.
I to pachnie, i to nęci.
Od któregoż teraz zacznie,
Aby sobie podjeść smacznie?
Trudny wybór, trudna zgoda –
Chwyci siano, owsa szkoda.
Chwyci owies, żal mu siana.
I tak stoi aż do rana,
A od rana do wieczora;
Aż nareszcie przyszła pora,
Że oślina pośród jadła –
Z głodu padła.

Ignacy
Krasicki

Kruk i lis

Bywa często zwiedzionym,
Kto lubi być chwalonym.
Kruk miał w pysku ser ogromny;
Lis, niby skromny,
Przyszedł do niego i rzekł: „Miły bracie,
Nie mogę się nacieszyć, kiedy patrzę na cię.
Cóż to za oczy!
Ich blask aż mroczy!

Czyż można dostać
Takową postać?
A pióra jakie!
Lśniące, jednakie.
A jeśli nie jestem w błędzie,
Pewnie i głos śliczny będzie".
Więc kruk w kantaty. Skoro pysk rozdziawił,
Ser wypadł, lis go porwał i kruka zostawił.

Żółw i mysz

Że zamknięty w skorupie niewygodnie siedział,
Żałowała mysz żółwia; żółw jej odpowiedział:
„Miej ty sobie pałace, ja mój domek ciasny.
Prawda, nie jest wspaniały, szczupły, ale własny".

Lew i zwierzęta

Gdy się wszystkie zwierzęta u lwa znajdowały,
Był dyskurs: jaki przymiot w zwierzu doskonały.
Słoń roztropność zachwalał, żubr mienił powagę,
Wielbłądy wstrzemięźliwość, lamparty odwagę;
Niedźwiedź moc znamienitą, koń ozdobną postać,
Wilk staranie przemyślne, jak zdobyczy dostać,
Sarna kształtną subtelność, jeleń piękne rogi,
Ryś odzienie wytworne, zając rącze nogi;
Pies wierność, liszka umysł w fortele obfity,
Baran łagodność, osieł żywot pracowity.
Rzekł lew, gdy się go wszyscy o zdanie pytali:
„Według mnie ten najlepszy, co się najmniej chwali".

Rybka mała i szczupak

Widząc w wodzie robaka rybka jedna mała,
Że go połknąć nie mogła, wielce żałowała.
Nadszedł szczupak, robak się przed nim nie osiedział:
Połknął go, a z nim haczyk, o którym nie wiedział.
Gdy rybak na brzeg ciągnął korzyść okazała,
Rzekła rybka: „Dobrze to czasem być i małą".

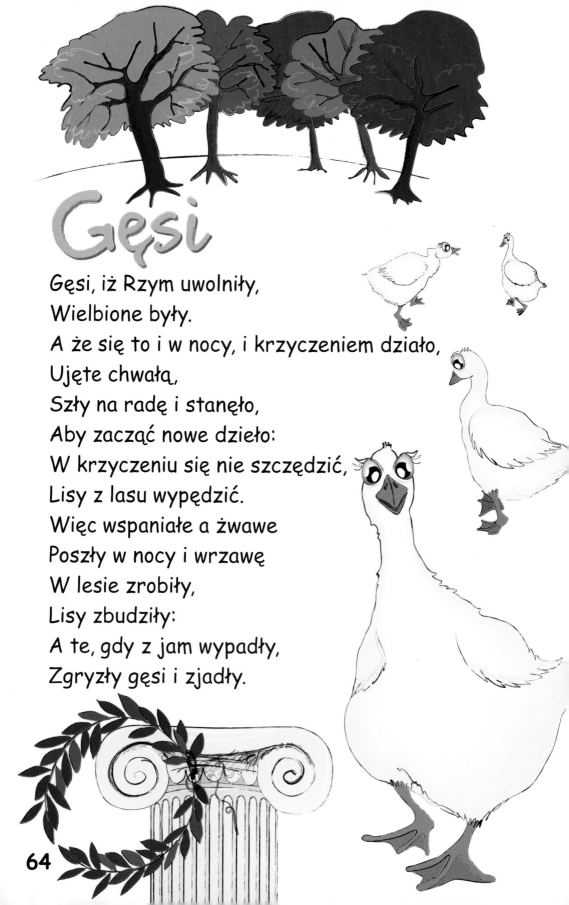

Gęsi

Gęsi, iż Rzym uwolniły,
Wielbione były.
A że się to i w nocy, i krzyczeniem działo,
Ujęte chwałą,
Szły na radę i stanęło,
Aby zacząć nowe dzieło:
W krzyczeniu się nie szczędzić,
Lisy z lasu wypędzić.
Więc wspaniałe a żwawe
Poszły w nocy i wrzawę
W lesie zrobiły,
Lisy zbudziły:
A te, gdy z jam wypadły,
Zgryzły gęsi i zjadły.

Władysław
Bełza

Katechizm polskiego dziecka

– Kto ty jesteś?
– Polak mały.
– Jaki znak twój?
– Orzeł biały.
– Gdzie ty mieszkasz?
– Między swemi.
– W jakim kraju?
– W polskiej ziemi.
– Czem ta ziemia?
– Mą Ojczyzną.
– Czem zdobyta?
– Krwią i blizną.
– Czy ją kochasz?
– Kocham szczerze.
– A w co wierzysz?
– W Polskę wierzę.
– Coś ty dla niej?
– Wdzięczne dziecię.
– Coś jej winien?
– Oddać życie.

Obraz leniuszka

W głowie same wróbelki,
Niby w pustej stodole;
Oj, leniuszek to wielki,
Nie chce uczyć się w szkole.

Nad książeczką wciąż drzemie,
Albo chodzi ponury;
Oczka spuszcza na ziemię,
Wstyd mu spojrzeć do góry!

Kiedy innych koleją,
Za wzór dają mu wszędzie;
Z niego wszyscy się śmieją,
Że nic z niego nie będzie.

A on w kącie, jak kołek,
Stoi niemy, strwożony:
Aż się z niego osiołek,
Stanie kiedyś skończony!

O Janku nieuku

Był sobie chłopczyk, imieniem Janek,
Na pozór skromny niby baranek,
Ale w istocie wisus jak mało,
Któremu nic się uczyć nie chciało.

Nieraz go ojciec szuka na ganku,
Biega i woła: – Do książki, Janku!
A on się kryje i myśli sobie:
„Nie dziś, to jutro lekcje odrobię!"

Za to do łyżki, za to do miski,
Biegł, aż na nogach miewał odciski,
Lecz do nauki, (skaranie Boże),
Prośba i groźba nic nie pomoże!

Martwił się ojciec, martwiła matka,
Zwłaszcza, jednego mając gagatka,
I nieraz sobie w kącie wzdychali:
Co też to z niego wyrośnie dalej?

JĘZYK POLSKI

A Janek jedno powtarzał wkoło:
– Dziś się pobawię jeszcze wesoło,
Czas taki piękny, pogodę wróży,
Zresztą przede mną leży rok duży!

I tak przemknęły nad głową Jana,
Palące lato, jesień rumiana,
Przemknął do nauk wiek młody, świetny,
Aż wyrósł z Janka – dudek kompletny!

O! Drogie dzieci! na każdym kroku,
Los tego Janka miejcie na oku;
Rok nie tak długi, jak wy sądzicie,
A z drobnych chwilek składa się życie!

Małpka

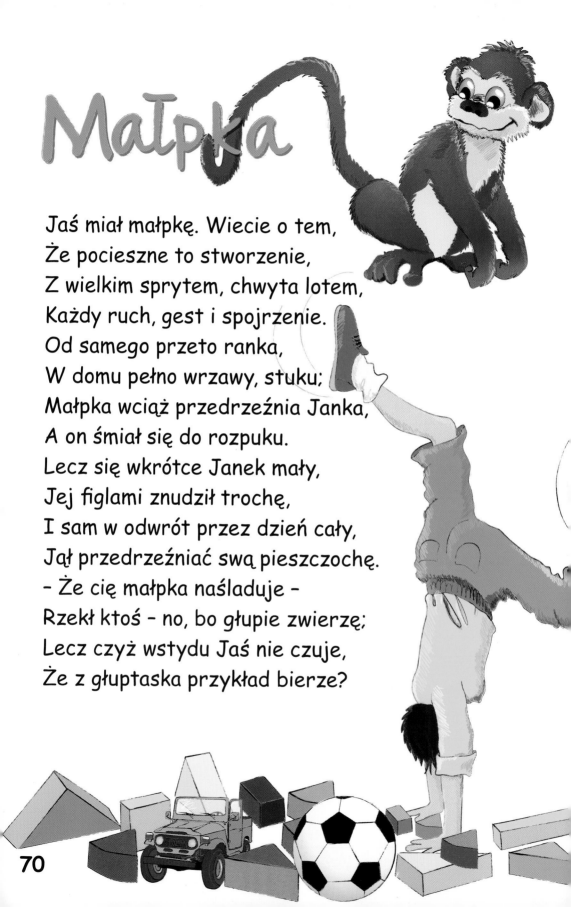

Jaś miał małpkę. Wiecie o tem,
Że pocieszne to stworzenie,
Z wielkim sprytem, chwyta lotem,
Każdy ruch, gest i spojrzenie.
Od samego przeto ranka,
W domu pełno wrzawy, stuku;
Małpka wciąż przedrzeźnia Janka,
A on śmiał się do rozpuku.
Lecz się wkrótce Janek mały,
Jej figlami znudził trochę,
I sam w odwrót przez dzień cały,
Jął przedrzeźniać swą pieszczochę.
– Że cię małpka naśladuje –
Rzekł ktoś – no, bo głupie zwierzę;
Lecz czyż wstydu Jaś nie czuje,
Że z głuptaska przykład bierze?

Adam Mickiewicz

Lis i kozieł

Już był w ogródku, już witał się z gąską:
Kiedy skok robiąc, wpadł w beczkę wkopaną,
Gdzie wodę zbierano;
Ani pomyślić o wyskoczeniu.
Chociaż wody nie było i nawet nie grząsko:
Studnia na półczwarta łokcia,
Za wysokie progi
Na lisie nogi;
Zrąb tak gładki, że nigdzie nie wścibić paznokcia.
Postaw się teraz w tego lisa położeniu!
Inny zwierz pewno załamałby łapy
I bił się w chrapy,
Wołając gromu, ażeby go dobił:
Nasz lis takich głupstw nie robił;
Wie, że rozpaczać jest to zło przydawać do zła.
Zawsze maca wkoło zębem,
A patrzy w górę; jakoż wkrótce ujrzał kozła,
Stojącego tuż nad zrębem
I patrzącego z ciekawością w studnię.

Lis wnet spuścił pysk na dno, udając, że pije;
Cmoka mocno, głośno chłepce
I tak sam do siebie szepce:
„Oto mi woda, takiej nie piłem, jak żyję!
Smak lodu, a czysta cudnie.
Chce mi się całemu spłukać,
Ale mi ją szkoda zbrukać,
Szkoda!
Bo co też to za woda!".
Kozieł, który tam właśnie przyszedł wody szukać:
„Ej! – krzyknął z góry – Ej, ty ryży kudła,
Wara od źródła!".
I hop w dół. Lis mu na kark, a z karku na rogi,
A z rogów na zrąb i w nogi.

Zając i żaba

Szarak, co nieraz bywał w kłopotach i trwogach,
Nie tracąc serca, póki czuł się rączy,
Teraz podupadł na nogach.
Poczuł, że się źle z nim skończy.
Więc jęknął z głębi serca: „Ach, nie masz pod słońcem
Lichszego powołania jak zostać zającem!
Co mię w dzień pies, lis, kruk, kania i wrona,
Nawet i ona,
Jak chce, tak gania.
A w noc, gdy drzemię, oko się nie zmruża,
Bo lada komar bzyknie przez siatki pajęcze,
Wnet drży me serce zajęcze,
Tchórząc tchórzliwiej od tchórza.
Zbrzydło mi życie, co jest wiecznym niepokojem,
Postanowiłem dziś je skończyć samobojem.
Żegnaj więc, miedzo, lat mych wiośnianych kolebko!
Wy kochanki młodości, kapusto i rzepko,
Pożegnalnymi łzami dozwólcie się skropić!
Oznajmuję wszem wobec, że idę się topić!”

Tak z płaczem gdy do stawu zwraca skoki słabe,
Po drodze stąpił na żabę.
Ta mu, jak raca, drgnąwszy spod nóg szusła
I z góry na łeb w staw plusła.
A zając rzekł do siebie: „Niech nikt nie narzeka,
Że jest tchórzem, bo cały świat na tchórzu stoi;
Każdy ma swoją żabę, co przed nim ucieka,
I swojego zająca, którego się boi".

Przyjaciele

Nie masz teraz prawdziwej przyjaźni na świecie;
Ostatni znam jej przykład w oszmiańskim powiecie.
Tam żył Mieszek, kum Leszka, i kum Mieszka Leszek,
Z tych, co to: gdzie ty, tam ja – co moje, to twoje.
Mówiono o nich, że gdy znaleźli orzeszek,
Ziarnko dzielili na dwoje; słowem, tacy przyjaciele,
Jakich i wtenczas liczono niewiele.
Rzekłbyś: dwój duch w jednym ciele.

O tej swojej przyjaźni raz w cieniu dąbrowy
Kiedy gadali, łącząc swoje czułe mowy
Do kukań zozul i krakań gawronich,
Alić ryknęło raptem coś koło nich.
Leszek na dąb: nuż po pniu skakać jak dzięciołek.
Mieszek tej sztuki nie umie,
Tylko wyciąga z dołu ręce: „Kumie!"
Kum już wylazł na wierzchołek.

Ledwie Mieszkowi był czas zmrużyć oczy,
Zbladnąć, paść na twarz: a już niedźwiedź kroczy.
Trafia na ciało, maca: jak trup leży;
Wącha: a z tego zapachu,
                    który mógł być skutkiem strachu,
Wnosi, że to nieboszczyk i że już nieświeży.
Więc mruknąwszy ze wzgardą odwraca się w knieje,
Bo niedźwiedź Litwin miąs nieświeżych nie je.

Dopieroż Mieszek odżył... „Było z tobą krucho! –
Woła kum. – Szczęście, Mieszku, że cię nie zadrapał!
Ale co on tak długo tam nad tobą sapał,
Jak gdyby coś miał powiadać na ucho?".
„Powiedział mi – rzekł Mieszek
                    – przysłowie niedźwiedzie:
Że prawdziwych przyjaciół poznajemy w biedzie".

Spis treści

MARIA KONOPNICKA

STANISŁAW JACHOWICZ

ALEKSANDER FREDRO

IGNACY KRASICKI

WŁADYSŁAW BEŁZA

ADAM MICKIEWICZ

Anna
Pablon